旅游抽样调查资料

2022

中华人民共和国文化和旅游部　编

中国旅游出版社

编 者 说 明

　　本书汇集了 2021 年对城镇居民和农村居民的国内旅游抽样调查结果，主要反映 2021 年国内旅游基本情况及城镇居民和农村居民国内旅游抽样调查分类数据。

　　2021 年国内旅游抽样调查的组织实施，得到了国家统计局和各省（区、市）文化和旅游部门、统计局的大力支持和协助，在此一并表示衷心感谢！

编　者

2022 年 4 月

目　　录

第一部分　综合分析报告

2021 年中国国内旅游抽样调查
综合分析报告

文化和旅游部与国家统计局社情民意调查中心合作，在我国大陆地区开展的国内旅游抽样调查结果表明，2021 年我国国内出游人数和出游花费规模较上年呈现较快增长的趋势。据测算，全年国内旅游人数 32.46 亿人次，国内旅游收入达 29190.75 亿元。

——国内旅游总人数 32.46 亿人次，比上年增长 12.75%；

——国内旅游总收入 29190.75 亿元，比上年增长 30.98%；

——国内游客人均花费 899.28 元 / 人次，比上年增长 16.17%。

2021 年中国国内旅游抽样调查综合情况如下：

一、2021 年中国国内旅游抽样调查对象和调查方法

2021 年中国居民国内旅游抽样调查的调查对象是我国大陆城乡居民中，不以谋求职业、获取报酬为目的，离开惯常环境 10 公里以外，停留时间超过 6 小时、但不超过 12 个月，从事参观游览、度假休闲、探亲访友、健康疗养、考察、会议等活动，以及从事经济、科技、文化、教育、体育、宗教等活动的人。

鉴于城镇居民和农村居民出游行为及消费习惯差异明显，故将调查总体分为城镇居民和农村居民两个调查子总体，调查频率为季度调查，调查问卷重点关注出游次数、出游目的、出游花费和构成等内容；调查采取计算机辅助电话访谈（CATI）采集数据。根据调查结果，分别测算得出城镇居民国内旅游总体情况、农村居民国内旅游总体情况，再汇总合成全国国内旅游总体情况。

二、2021 年国内旅游总体情况

（一）城镇居民

2021 年，我国城镇居民国内旅游出游人数 23.42 亿人次，出游人数比率（以下简称为出游率）303.76%，旅游总花费 23644.17 亿元，游客每次出游人均花费（以下简称人均花费）1009.57 元。

各季度城镇居民国内旅游情况：

一季度全国城镇居民旅游人数 7.01 亿人次，出游率 90.90%，旅游总花费 5698.57 亿元，游客人均花费 812.92 元。

二季度全国城镇居民旅游人数 6.07 亿人次，出游率 78.73%，旅游总花费 7200.96 亿元，游客人均花费 1186.32 元。

三季度全国城镇居民旅游人数 6.26 亿人次，出游率 81.19%，旅游总花费 6250.36 亿元，游客人均花费 998.46 元。

四季度全国城镇居民旅游人数 4.08 亿人次，出游率 45.22%，旅游总花费 4494.28 亿元，游客人均花费 1101.54 元。

（二）农村居民

2021 年，我国农村居民国内旅游出游人数 9.04 亿人次，出游率 149.97%，旅游总花费 5546.57 亿元，游客人均花费 613.56 元。

各季度农村居民国内旅游情况：

一季度全国农村居民旅游人数 3.23 亿人次，出游率 53.59%，旅游总花费 1676.01 亿元，游客人均花费 518.89 元。

二季度全国农村居民旅游人数 2.40 亿人次，出游率 39.82%，旅游总花费 1744.58 亿元，游客人均花费 726.91 元。

三季度全国农村居民旅游人数 1.92 亿人次，出游率 31.85%，旅游总花费 1084.17 亿元，游客人均花费 564.67 元。

四季度全国农村居民旅游人数 1.49 亿人次，出游率 29.22%，旅游总花费 1041.81 亿元，游客人均花费 699.20 元。

三、2021 年国内旅游抽样调查基本结果

（一）城镇居民

1. 出游人数构成

调查数据显示，一日游游客占 32.9%，过夜游游客占 67.1%；团队游客占 2.0%，散客占 98.0%。

按性别分组，男性占 55.71%，女性占 44.29%。

按年龄分组，45~64 岁出游人数最多，占出游总人数的 25.10%。14 岁及以下的占 11.74%，15~24 岁的占 11.17%，25~34 岁的占 23.91%，35~44 岁的占 20.38%，65 岁及以上的占 7.70%。

按受教育程度分组，大学本科、大专的出游人数最多，占出游总人数的 45.37%。初中及以下的占 30.69%，高中（中专/职高/技校）的占 18.82%，研究生及以上的占 5.12%。

按旅游目的分组，观光游览的占 19.5%，度假休闲的占 16.2%，出差/开会/商务的占 14.0%，探亲访友的占 44.3%，文娱/体育/健身的占 2.8%，养生/保健/疗养的占 1.0%，其他旅游目的的占 2.3%。

按出游半径分组，本地游占 53.4%，异地游占 46.6%。

2. 游客每次出游人均花费情况

城镇游客每次出游人均花费 1009.6 元。其中，一日游人均花费 399.6 元，过夜游人均花费 1293.5 元。

按性别分组，男性游客人均花费 1078.0 元，女性游客人均花费 892.3 元。

按年龄分组，14 岁及以下的游客人均花费 618.3 元，15~24 岁的人均花费 1035.4 元，25~34 岁的人均花费 1102.3 元，35~44 岁的人均花费 1092.1 元，45~64 岁的人均花费 985.1 元，65 岁及以上的人均花费 810.0 元，。

按受教育程度分组，研究生及以上的游客人均花费 1379.8 元，大学本科、大专的人均花费 1078.6 元，高中（中专/职高/技校）的人均花费 930.6 元，初中及以下的人均花费 739.7 元。

按旅游目的分组，商务出差的游客人均花费最高，为 1695.4 元，度假休闲的人均花费 1052.9 元，观光游览的人均花费 998.1 元，养生／保健／疗养的人均花费 837.2 元，探亲访友的人均花费 813.3 元，文娱／体育／健身的人均花费 612.8 元，其他旅游目的的人均花费 550.9 元。

按旅游方式分组，旅行社组织的游客人均花费 1427.2 元，非旅行社组织的人均花费 870.8 元。

3. 散客每次出游人均花费构成

城镇居民散客的花费构成情况是：交通费占总花费的 39.9%，住宿费占 13.9%，餐饮费占 23.5%，购物费占 15.7%，景区游览费占 2.4%，其他费用占 4.6%。

其中，过夜游散客花费构成情况是：交通费占总花费的 41.8%，住宿费占 16.6%，餐饮费占 21.1%，购物费占 14.6%，景区游览费占 1.9%，其他费用占 4.0%。

一日游散客花费构成情况是：交通费占总花费的 29.8%，餐饮费占 36.4%，购物费占 21.1%，景区游览费占 4.5%，其他费用占 8.2%。

4. 过夜游客平均停留时间

城镇过夜游客每次出游平均停留 4.3 晚。其中，停留 1~3 晚的占 63.3%，停留 4~7 晚的占 25.5%，停留 8~14 晚的占 6.0%，停留时间超过 14 晚的占 5.2%。

（二）农村居民

1. 出游人数构成

调查数据显示，一日游游客占 41.4%，过夜游游客占 58.6%；团队游客占 1.7%，散客占 98.3%。

按性别分组，男性占 57.9%，女性占 42.1%。

按年龄分组，45~64 岁的出游人数最多，占出游总人数的 34.8%。14 岁及以下的占 12.7%，15~24 岁的占 6.5%，25~34 岁的占 15.9%，35~44 岁的占 17.7%，65 岁及以上的占 12.4%。

按受教育程度分组，小学及以下的占 28.7%，初中的占 31.5%，高中（中专／

职高 / 技校）的占 18.8%，大专、大学本科及以上的占 21.0%。

按旅游目的分组，观光游览的占 16.7%，度假休闲的占 8.5%，做生意 / 外出办理公事的占 18.8%，探亲访友的占 42.2%，文娱 / 体育 / 健身的占 2.0%，养生 / 保健 / 疗养的占 2.4%，其他旅游目的的占 9.3%。

按出游半径分组，本地游占 56.1%，异地游占 43.9%。

2. 游客每次出游人均花费情况

农村游客每次出游人均花费 613.6 元。其中，一日游人均花费 279.3 元，过夜游人均花费 827.8 元。

按性别分组，男性游客人均花费 636.3 元，女性游客人均花费 561.3 元。

按年龄分组，14 岁及以下的游客人均花费 425.1 元，15~24 岁的人均花费 737.2 元，25~34 岁的人均花费 797.2 元，35~44 岁的人均花费 601.5 元，45~64 岁的人均花费 514.9 元，65 岁及以上的人均花费 360.4 元。

按受教育程度分组，大专、大学本科及以上的游客人均花费 714.5 元，高中（中专 / 职高 / 技校）的人均花费 591.3 元，初中的人均花费 537.3 元，小学及以下的人均花费 443.5 元。

按旅游目的分组，做生意/外出办理公事的游客人均花费最高，为 846.3 元，观光游览的人均花费 671.7 元，休闲度假的人均花费 671.7 元，养生 / 保健 / 疗养的人均花费 633.3 元，探亲访友的人均花费 507.7 元，文娱 / 体育 / 健身的人均花费 396.3 元，其他旅游目的的人均花费 442.2 元。

按旅游方式分组，旅行社组织的游客人均花费 1634.3 元，非旅行社组织的人均花费 537.5 元。

3. 散客每次出游人均花费构成

农村居民散客的花费构成情况是：交通费占总花费的 36.7%，住宿费占 10.5%，餐饮费占 25.3%，购物费占 19.9%，景区游览费占 2.4%，其他费用占 5.3%。

其中，过夜游散客的花费构成情况是：交通费占总花费的 37.9%，住宿费占 13.1%，餐饮费占 23.5%，购物费占 18.7%，景区游览费占 2.1%，其他费用占 4.7%。

一日游散客的花费构成情况是：交通费占总花费的 31.8%，餐饮费占 32.0%，购物费占 24.9%，景区游览费占 3.4%，其他费用占 7.8%。

4. 过夜游客平均停留时间

农村过夜游客每次出游平均停留 3.7 晚。其中，停留 1~3 晚的占 69.1%，停留 4~7 晚的占 24.2%，停留 8~14 晚的占 3.1%，停留时间超过 14 晚的占 3.6%。

第二部分　分类数据

一、国内旅游基本情况

1–1 2021年国内旅游基本情况

	总人数 （亿人次）	出游率 * （％）	总花费 （亿元）	人均每次花费 （元／人次）
全国总计	32.46	234.96	29190.75	899.28
城镇居民合计	23.42	303.76	23644.17	1009.57
一季度	7.01	90.90	5698.57	812.92
二季度	6.07	78.73	7200.96	1186.32
三季度	6.26	81.19	6250.36	998.46
四季度	4.08	45.22	4494.28	1101.54
农村居民合计	9.04	149.97	5546.57	613.56
一季度	3.23	53.59	1676.01	518.89
二季度	2.40	39.82	1744.58	726.91
二季度	1.92	31.85	1084.17	564.67
四季度	1.49	29.22	1041.81	699.20

* 出游率：即出游人数比率，指城镇居民或农村居民出游人数与其总人口数的比值。

二、城镇居民国内旅游抽样调查数据

1. 2021 年城镇居民国内游客
人数调查构成

2-1-1 城镇居民国内游客人数构成
（按旅游方式分组）

单位：%

	人数构成	旅行社组织	非旅行社组织
调查总平均	100.0	2.0	98.0
按性别分组			
男　性	100.0	1.7	98.3
女　性	100.0	2.4	97.6
按年龄分组			
14 岁及以下	100.0	0.4	99.6
15~24 岁	100.0	1.4	98.6
25~34 岁	100.0	1.3	98.7
35~44 岁	100.0	1.5	98.5
45~64 岁	100.0	3.6	96.4
65 岁及以上	100.0	9.9	90.1
按受教育程度分组			
初中及以下	100.0	1.9	98.1
高中（中专/职高/技校）	100.0	2.9	97.1
大学本科、大专	100.0	1.9	98.1
研究生及以上	100.0	1.4	98.6

2-1-2　城镇居民国内游客人数构成

	人数构成	观光游览	休闲度假	出差/开会/商务
调查总平均	**100.0**	**19.5**	**16.2**	**14.0**
按性别分组				
男　性	100.0	18.5	15.0	18.0
女　性	100.0	21.2	18.1	7.4
按年龄分组				
14 岁及以下	100.0	27.8	19.8	0.3
15~24 岁	100.0	21.1	12.8	10.7
25~34 岁	100.0	17.1	12.5	17.3
35~44 岁	100.0	17.7	17.0	17.3
45~64 岁	100.0	18.3	19.2	16.6
65 岁及以上	100.0	29.4	26.1	1.8
按受教育程度分组				
初中及以下	100.0	22.3	15.2	6.0
高中（中专/职高/技校）	100.0	19.5	13.9	14.4
大学本科、大专	100.0	19.2	16.7	15.7
研究生及以上	100.0	15.2	18.8	21.7

（按旅游目的分组）

探亲访友	文娱/体育/健身	养生/保健/疗养	其他
44.3	**2.8**	**1.0**	**2.3**
42.8	2.5	1.0	2.2
46.7	3.1	1.1	2.5
46.9	3.5	0.5	1.2
47.2	4.1	0.8	3.3
48.4	2.4	0.6	1.7
42.2	2.5	1.4	1.9
39.1	2.6	1.3	2.8
32.6	0.9	2.8	6.4
50.8	2.3	0.9	2.6
45.9	2.4	1.3	2.7
42.2	3.0	1.0	2.1
39.1	2.9	0.7	1.6

2-1-3 城镇居民国内游客人数构成
（按停留时间分组）

	人数构成	一日游	过夜游
调查总平均	**100.0**	**32.9**	**67.1**
按性别分组			
男　性	100.0	33.6	66.4
女　性	100.0	31.7	68.3
按年龄分组			
14 岁及以下	100.0	39.4	60.6
15~24 岁	100.0	26.3	73.7
25~34 岁	100.0	29.3	70.7
35~44 岁	100.0	34.0	66.0
45~64 岁	100.0	37.4	62.6
65 岁及以上	100.0	36.4	63.6

	人数构成	一日游	过夜游
按受教育程度分组			
初中及以下	100.0	36.6	63.4
高中（中专/职高/技校）	100.0	32.5	67.5
大学本科、大专	100.0	32.2	67.8
研究生及以上	100.0	29.1	70.9
按旅游目的分组			
观光游览	100.0	51.0	49.0
休闲度假	100.0	41.2	58.8
出差/开会/商务	100.0	26.0	74.0
探亲访友	100.0	22.9	77.1
文娱/体育/健身	100.0	72.6	27.4
养生/保健/疗养	100.0	52.9	47.1
其他	100.0	54.8	45.2

2-1-4 城镇居民国内游客人数构成
（按出游半径分组）

单位：%

	人数构成	本地游	异地游 *
调查总平均	**100.0**	**53.4**	**46.6**
按性别分组			
男　性	100.0	53.7	46.3
女　性	100.0	53.0	47.0
按年龄分组			
14 岁及以下	100.0	39.7	60.3
15~24 岁	100.0	58.2	41.8
25~34 岁	100.0	61.1	38.9
35~44 岁	100.0	52.2	47.8
45~64 岁	100.0	48.3	51.7
65 岁及以上	100.0	45.2	54.8

	人数构成	本地游	异地游 *
按受教育程度分组			
初中及以下	100.0	46.8	53.2
高中（中专/职高/技校）	100.0	50.9	49.1
大学本科、大专	100.0	54.7	45.3
研究生及以上	100.0	64.3	35.7
按旅游目的分组			
观光游览	100.0	36.8	63.2
休闲度假	100.0	31.6	68.4
出差/开会/商务	100.0	71.4	28.6
探亲访友	100.0	60.2	39.8
文娱/体育/健身	100.0	12.1	87.9
养生/保健/疗养	100.0	40.0	60.0
其他	100.0	44.6	55.4

　　* 异地游：指城镇居民离开自己惯常居住城市（以该城市行政地域为界），前往国内其他城市的旅游行为。（下同）

2. 2021 年城镇居民国内游客人均每次花费

2-2-1 城镇居民国内游客人均每次花费

单位：元/人次

	城镇居民国内游客人均每次花费
调查总平均	**1009.6**
按性别分组	
男　性	1078.0
女　性	892.3
按年龄分组	
14 岁及以下	618.3
15~24 岁	1035.4
25~34 岁	1102.3
35~44 岁	1092.1
45~64 岁	985.1
65 岁及以上	810.0

	城镇居民国内游客人均每次花费
按受教育程度分组	
初中及以下	739.7
高中（中专 / 职高 / 技校）	930.6
大学本科、大专	1078.6
研究生及以上	1379.8
按旅游目的分组	
观光游览	998.1
休闲度假	1052.9
出差 / 开会 / 商务	1695.4
探亲访友	813.3
文娱 / 体育 / 健身	612.8
养生 / 保健 / 疗养	837.2
其他	550.9

2-2-2 城镇居民国内游客人均每次花费
（按旅游方式分组）

单位：元／人次

	人均每次花费	旅行社组织	非旅行社组织
调查总平均	**1009.6**	**1427.2**	**870.8**
按性别分组			
男　性	1078.0	1446.6	902.0
女　性	892.3	1441.0	824.9
按年龄分组			
14 岁及以下	618.3	689.6	618.7
15~24 岁	1035.4	1662.3	967.2
25~34 岁	1102.3	1960.4	957.1
35~44 岁	1092.1	1620.6	910.3
45~64 岁	985.1	1639.4	801.5
65 岁及以上	810.0	1129.1	741.8
按受教育程度分组			
初中及以下	739.7	1301.1	679.1
高中（中专／职高／技校）	930.6	1180.4	837.4
大学本科、大专	1078.6	1952.3	927.0
研究生及以上	1379.8	820.7	1134.2

2-2-3 城镇居民国内游客人均每次花费

	人均每次花费	观光游览	休闲度假	出差／开会／商务
调查总平均	**1009.6**	**997.4**	**1052.9**	**1695.4**
按性别分组				
男　性	1078.0	1021.8	1011.9	1755.5
女　性	892.3	961.0	1101.9	1449.2
按年龄分组				
14 岁及以下	618.3	545.5	946.0	309.6
15~24 岁	1035.4	1083.2	1512.1	1468.0
25~34 岁	1102.3	1160.8	1287.6	1700.1
35~44 岁	1092.1	1015.8	1000.1	1774.6
45~64 岁	985.1	1029.9	814.2	1725.1
65 岁及以上	810.0	1033.2	871.9	612.9
按受教育程度分组				
初中及以下	739.7	706.7	854.5	1467.4
高中（中专／职高／技校）	930.6	1051.2	836.7	1355.3
大学本科、大专	1078.6	1094.6	1125.8	1705.1
研究生及以上	1379.8	1077.0	1336.2	2235.0

（按旅游目的分组）

单位：元/人次

探亲访友	文娱 / 体育 / 健身	养生 / 保健 / 疗养	其他
813.3	**612.8**	**837.2**	**550.9**
882.3	640.2	889.7	473.2
709.0	584.4	833.5	647.8
543.8	413.5	415.4	410.3
840.8	781.8	1250.4	552.4
869.7	687.0	664.9	505.9
876.0	740.4	881.6	667.4
792.5	338.0	1183.7	653.0
612.7	108.9	574.4	344.4
653.8	590.2	389.6	508.2
855.0	382.7	1070.9	212.4
835.6	664.5	903.0	593.6
1103.8	575.1	1546.0	1072.6

2-2-4 城镇居民国内游客人均每次花费
（按停留时间分组）

单位：元 / 人次

	人均每次花费	一日游	过夜游
调查总平均	**1009.6**	**399.6**	**1293.5**
按性别分组			
男　性	1078.0	424.6	1383.8
女　性	892.3	356.6	1144.7
按年龄分组			
14 岁及以下	618.3	305.9	821.7
15~24 岁	1035.4	412.5	1254.1
25~34 岁	1102.3	449.4	1368.1
35~44 岁	1092.1	426.4	1409.6
45~64 岁	985.1	384.4	1324.7
65 岁及以上	810.0	214.2	1086.4

	人均每次花费	一日游	过夜游
按受教育程度分组			
初中及以下	739.7	337.6	969.7
高中（中专/职高/技校）	930.6	357.2	1193.7
大学本科、大专	1078.6	419.5	1392.2
研究生及以上	1379.8	483.6	1791.4
按旅游目的分组			
观光游览	998.1	325.4	1649.0
休闲度假	1052.9	444.8	1470.2
出差/开会/商务	1695.4	412.8	2157.6
探亲访友	813.3	471.3	909.5
文娱/体育/健身	612.8	451.7	1100.7
养生/保健/疗养	837.2	351.7	1365.8
其他	550.9	192.3	984.9

2-2-5 城镇居民国内游客人均每次花费
（按出游半径分组）

单位：元/人次

	人均每次花费	本地游	异地游
调查总平均	**1009.6**	**503.1**	**1461.8**
按性别分组			
男　性	1078.0	531.7	1565.5
女　性	892.3	455.6	1279.0
按年龄分组			
14 岁及以下	618.3	405.7	942.1
15~24 岁	1035.4	544.8	1374.0
25~34 岁	1102.3	555.6	1468.0
35~44 岁	1092.1	530.0	1619.2
45~64 岁	985.1	477.0	1567.4
65 岁及以上	810.0	327.9	1342.2
按受教育程度分组			
初中及以下	739.7	407.1	1124.2
高中（中专/职高/技校）	930.6	499.9	1368.6
大学本科、大专	1078.6	530.9	1541.7
研究生及以上	1379.8	594.9	1889.4
按旅游目的分组			
观光游览	998.1	478.6	1794.7
休闲度假	1052.9	600.4	2005.6
出差/开会/商务	1695.4	632.0	2094.9
探亲访友	813.3	447.4	1037.8
文娱/体育/健身	612.8	500.2	1471.7
养生/保健/疗养	837.2	554.1	1374.0
其他	550.9	244.7	888.8

3. 2021 年城镇居民国内散客
人均每次各项花费及构成

	人均每次花费	交通费	住宿费
调查总平均	**870.8**	**347.1**	**121.2**
按性别分组			
男　性	902.0	364.3	120.8
女　性	824.9	321.7	121.9
按年龄分组			
14 岁及以下	618.7	202.9	93.2
15~24 岁	967.2	395.5	139.8
25~34 岁	957.1	395.4	122.5
35~44 岁	910.3	356.7	129.3
45~64 岁	801.5	327.9	107.4
65 岁及以上	741.8	284.3	158.0
按受教育程度分组			
初中及以下	679.1	276.9	79.2
高中（中专 / 职高 / 技校）	837.4	348.8	100.8
大学本科、大专	927.0	361.3	141.7
研究生及以上	1134.2	482.9	157.4
按旅游目的分组			
观光游览	957.7	333.0	207.6
休闲度假	1044.0	322.9	252.8
出差 / 开会 / 商务	1461.3	802.0	418.6
探亲访友	813.0	380.1	46.1
文娱 / 体育 / 健身	612.4	139.9	59.5
养生 / 保健 / 疗养	735.8	261.6	109.4
其他	550.9	287.8	65.3

*"出差 / 开会 / 商务"未在过夜分组中，且未调查以"出差 / 开会 / 商务"为旅游目的的购物费和景区游览费。（下同）

人均每次各项花费

单位：元 / 人次

餐饮费	购物费	景区游览费	其他
205.0	**136.7**	**20.5**	**40.4**
213.1	138.4	20.1	45.3
193.0	134.1	21.1	33.0
165.0	105.7	26.9	25.0
234.5	127.3	18.1	52.0
218.5	152.1	20.7	47.8
212.9	147.1	22.8	41.4
180.1	136.4	16.5	33.3
188.7	77.1	13.1	20.6
160.5	115.2	19.0	28.3
195.3	136.7	15.9	39.8
221.4	136.0	22.3	44.2
234.9	189.1	23.0	46.8
230.3	112.4	45.3	29.0
255.0	135.3	35.1	42.9
240.7	－	－	－
183.8	154.2	6.4	42.4
199.6	128.3	16.8	68.3
190.2	55.6	5.3	113.6
98.8	72.3	4.8	22.0

	人均每次花费	交通费	住宿费
调查总平均	**100.0**	**39.9**	**13.9**
按性别分组			
男　性	100.0	40.4	13.4
女　性	100.0	39.0	14.8
按年龄分组			
14 岁及以下	100.0	32.8	15.1
15~24 岁	100.0	40.9	14.5
25~34 岁	100.0	41.3	12.8
35~44 岁	100.0	39.2	14.2
45~64 岁	100.0	40.9	13.4
65 岁及以上	100.0	38.3	21.3
按受教育程度分组			
初中及以下	100.0	40.8	11.7
高中（中专／职高／技校）	100.0	41.7	12.0
大学本科、大专	100.0	39.0	15.3
研究生及以上	100.0	42.6	13.9
按旅游目的分组			
观光游览	100.0	34.8	21.7
休闲度假	100.0	30.9	24.2
出差／开会／商务	100.0	54.9	28.6
探亲访友	100.0	46.7	5.7
文娱／体育／健身	100.0	22.8	9.7
养生／保健／疗养	100.0	35.6	14.9
其他	100.0	52.2	11.8

人均每次各项花费构成

单位：%

餐饮费	购物费	景区游览费	其他
23.5	**15.7**	**2.4**	**4.6**
23.6	15.3	2.2	5.0
23.4	16.3	2.6	4.0
26.7	17.1	4.3	4.0
24.2	13.2	1.9	5.4
22.8	15.9	2.2	5.0
23.4	16.2	2.5	4.6
22.5	17.0	2.1	4.2
25.4	10.4	1.8	2.8
23.6	17.0	2.8	4.2
23.3	16.3	1.9	4.8
23.9	14.7	2.4	4.8
20.7	16.7	2.0	4.1
24.0	11.7	4.7	3.0
24.4	13.0	3.4	4.1
16.5	–	–	–
22.6	19.0	0.8	5.2
32.6	20.9	2.7	11.1
25.9	7.6	0.7	15.4
17.9	13.1	0.9	4.0

	人均每次花费	交通费	住宿费
调查总平均	**1122.4**	**469.1**	**186.2**
按性别分组			
男　性	1166.7	492.9	188.0
女　性	1061.4	437.2	185.0
按年龄分组			
14 岁及以下	823.9	289.8	156.2
15~24 岁	1171.5	505.0	191.5
25~34 岁	1176.6	506.6	176.4
35~44 岁	1182.4	484.5	201.9
45~64 岁	1094.1	473.1	185.0
65 岁及以上	1046.0	404.6	256.6
按受教育程度分组			
初中及以下	888.4	381.9	127.4
高中（中专 / 职高 / 技校）	1083.7	460.1	151.8
大学本科、大专	1194.8	488.3	218.2
研究生及以上	1485.9	684.5	242.7
按旅游目的分组			
观光游览	1616.5	586.6	427.7
休闲度假	1465.6	476.8	430.7
出差 / 开会 / 商务	2157.6	1161.9	658.8
探亲访友	909.0	438.0	59.1
文娱 / 体育 / 健身	1101.6	318.3	236.6
养生 / 保健 / 疗养	1244.5	453.6	252.4
其他	984.9	544.7	144.1

人均每次各项花费

餐饮费	购物费	景区游览费	其他
236.6	**164.2**	**21.9**	**44.3**
247.0	166.6	21.5	50.7
221.5	160.0	22.4	35.2
192.5	131.9	26.8	26.6
258.7	139.2	19.7	57.4
242.2	179.8	20.7	50.9
250.2	178.3	24.2	43.3
210.1	167.0	20.4	38.7
242.8	98.2	18.4	25.3
183.7	143.1	18.5	33.8
230.9	176.8	17.1	47.1
256.6	160.9	24.7	46.1
268.1	210.2	26.0	54.3
329.4	175.5	58.7	38.4
314.1	153.5	44.0	46.5
336.9	–	–	–
192.4	168.4	7.0	44.1
271.5	156.3	28.6	90.3
315.0	47.4	5.5	170.7
156.5	113.5	5.3	20.7

2-3-4 城镇居民国内过夜散客

	人均每次花费	交通费	住宿费
调查总平均	**100.0**	**41.8**	**16.6**
按性别分组			
男　性	100.0	42.2	16.1
女　性	100.0	41.2	17.4
按年龄分组			
14 岁及以下	100.0	35.2	19.0
15~24 岁	100.0	43.1	16.3
25~34 岁	100.0	43.1	15.0
35~44 岁	100.0	41.0	17.1
45~64 岁	100.0	43.2	16.9
65 岁及以上	100.0	38.7	24.5
按受教育程度分组			
初中及以下	100.0	43.0	14.3
高中（中专/职高/技校）	100.0	42.5	14.0
大学本科、大专	100.0	40.9	18.3
研究生及以上	100.0	46.1	16.3
按旅游目的分组			
观光游览	100.0	36.3	26.5
休闲度假	100.0	32.5	29.4
出差/开会/商务	100.0	53.8	30.6
探亲访友	100.0	48.2	6.5
文娱/体育/健身	100.0	28.9	21.5
养生/保健/疗养	100.0	36.4	20.3
其他	100.0	55.3	14.6

人均每次各项花费构成

餐饮费	购物费	景区游览费	其他
21.1	**14.6**	**1.9**	**4.0**
21.2	14.3	1.8	4.3
20.9	15.1	2.1	3.3
23.4	16.0	3.2	3.2
22.1	11.9	1.7	4.9
20.6	15.3	1.8	4.3
21.2	15.1	2.0	3.7
19.2	15.3	1.9	3.5
23.2	9.4	1.8	2.4
20.7	16.1	2.1	3.8
21.3	16.3	1.6	4.3
21.5	13.5	2.1	3.9
18.0	14.1	1.8	3.7
20.4	10.9	3.6	2.4
21.4	10.5	3.0	3.2
15.6	–	–	–
21.2	18.5	0.8	4.8
24.6	14.2	2.6	8.2
25.3	3.8	0.4	13.7
15.9	11.5	0.5	2.1

	人均每次花费	交通费	餐饮费
调查总平均	**400.3**	**119.4**	**145.9**
按性别分组			
男　性	427.4	133.6	152.4
女　性	357.4	96.3	135.7
按年龄分组			
14 岁及以下	305.1	70.9	122.0
15~24 岁	418.9	102.9	169.9
25~34 岁	464.8	145.6	164.4
35~44 岁	426.0	129.5	146.4
45~64 岁	379.6	122.8	136.1
65 岁及以上	211.4	64.2	92.8
按受教育程度分组			
初中及以下	334.1	103.4	122.2
高中（中专 / 职高 / 技校）	354.2	127.5	126.4
大学本科、大专	424.5	124.2	155.4
研究生及以上	492.4	114.0	177.2
按旅游目的分组			
观光游览	327.4	87.8	135.3
休闲度假	446.5	106.6	170.2
出差 / 开会 / 商务	412.8	288.6	124.2
探亲访友	471.6	175.8	152.9
文娱 / 体育 / 健身	451.1	76.4	174.5
养生 / 保健 / 疗养	351.8	111.5	96.2
其他	192.2	76.0	51.5

人均每次各项花费

购物费	景区游览费	其他
84.3	**17.8**	**32.9**
87.9	17.3	36.2
78.6	18.9	27.9
63.8	26.8	21.6
94.7	13.5	37.9
93.2	20.7	40.9
91.7	20.2	38.2
84.0	11.1	25.6
36.3	3.8	14.3
69.7	19.6	19.2
60.8	13.6	25.9
86.4	18.2	40.3
149.9	18.3	33.0
51.7	31.9	20.7
109.4	22.6	37.7
—	—	—
102.3	4.4	36.2
124.5	11.4	64.3
68.6	4.6	70.9
37.5	4.4	22.8

	人均每次花费	交通费	餐饮费
调查总平均	**100.0**	**29.8**	**36.4**
按性别分组			
男　性	100.0	31.3	35.7
女　性	100.0	26.9	38.0
按年龄分组			
14 岁及以下	100.0	23.2	40.0
15~24 岁	100.0	24.6	40.6
25~34 岁	100.0	31.3	35.3
35~44 岁	100.0	30.4	34.4
45~64 岁	100.0	32.3	35.9
65 岁及以上	100.0	30.4	43.9
按受教育程度分组			
初中及以下	100.0	30.9	36.6
高中（中专 / 职高 / 技校）	100.0	36.0	35.7
大学本科、大专	100.0	29.3	36.6
研究生及以上	100.0	23.2	36.0
按旅游目的分组			
观光游览	100.0	26.8	41.3
休闲度假	100.0	23.9	38.1
出差 / 开会 / 商务	100.0	69.9	30.1
探亲访友	100.0	37.3	32.4
文娱 / 体育 / 健身	100.0	16.9	38.7
养生 / 保健 / 疗养	100.0	31.7	27.3
其他	100.0	39.5	26.8

人均每次各项花费构成

单位：%

购物费	景区游览费	其他
21.1	**4.5**	**8.2**
20.6	4.0	8.4
22.0	5.3	7.8
20.9	8.8	7.1
22.6	3.2	9.0
20.1	4.5	8.8
21.5	4.7	9.0
22.1	2.9	6.8
17.2	1.8	6.7
20.9	5.9	5.7
17.2	3.8	7.3
20.4	4.3	9.4
30.4	3.7	6.7
15.8	9.8	6.3
24.5	5.1	8.4
—	—	—
21.7	0.9	7.7
27.6	2.5	14.3
19.5	1.3	20.2
19.5	2.3	11.9

三、农村居民国内旅游抽样调查数据

1. 2021 年农村居民国内游客
人数调查构成

3-1-1 农村居民国内游客人数构成
（按旅游方式分组）

单位：%

	人数构成	旅行社组织	非旅行社组织
调查总平均	**100.0**	**1.7**	**98.3**
按性别分组			
男　性	100.0	1.4	98.6
女　性	100.0	2.3	97.7
按年龄分组			
14 岁及以下	100.0	1.4	98.6
15~24 岁	100.0	1.6	98.4
25~34 岁	100.0	0.9	99.1
35~44 岁	100.0	0.9	99.1
45~64 岁	100.0	2.5	97.5
65 岁及以上	100.0	5.7	94.3
按受教育程度分组			
小学及以下	100.0	1.6	98.4
初中	100.0	1.8	98.2
高中（中专／职高／技校）	100.0	2.9	97.1
大专、大学本科及以上	100.0	1.1	98.9

3-1-2 农村居民国内游客人数构成

	人数构成	观光游览	休闲度假	做生意/外出办理公事
调查总平均	**100.0**	**16.7**	**8.5**	**18.8**
按性别分组				
男　性	100.0	16.1	8.1	22.2
女　性	100.0	18.2	9.5	11.1
按年龄分组				
14 岁及以下	100.0	29.3	12.0	1.3
15~24 岁	100.0	22.5	10.5	16.8
25~34 岁	100.0	15.9	10.3	19.1
35~44 岁	100.0	14.3	8.4	23.9
45~64 岁	100.0	14.1	6.2	22.1
65 岁及以上	100.0	16.8	4.0	2.4
按受教育程度分组				
小学及以下	100.0	21.4	8.7	6.9
初中	100.0	12.5	5.5	22.1
高中（中专/职高/技校）	100.0	17.0	7.6	20.6
大专、大学本科及以上	100.0	17.5	10.7	19.9

（按旅游目的分组）

探亲访友	文娱体育健身	养生保健疗养	其他
42.2	**2.0**	**2.4**	**9.3**
40.4	2.3	2.4	8.5
46.2	1.5	2.5	11.0
47.0	2.2	2.5	5.7
34.7	2.8	1.8	10.9
40.8	2.0	2.2	9.7
41.9	1.8	1.5	8.2
42.9	1.9	3.0	9.8
52.0	3.2	6.4	15.2
48.3	2.8	2.4	9.5
43.0	1.5	3.1	12.2
40.6	1.4	2.7	10.2
40.5	2.4	1.9	7.1

3-1-3 农村居民国内游客人数构成
（按停留时间分组）

单位：%

	人数构成	一日游	过夜游
调查总平均	100.0	41.4	58.6
按性别分组			
男　性	100.0	42.0	58.0
女　性	100.0	40.1	59.9
按年龄分组			
14 岁及以下	100.0	44.3	55.7
15~24 岁	100.0	29.7	70.3
25~34 岁	100.0	35.3	64.7
35~44 岁	100.0	43.1	56.9
45~64 岁	100.0	46.9	53.1
65 岁及以上	100.0	47.2	52.8

续表

	人数构成	一日游	过夜游
按受教育程度分组			
小学及以下	100.0	46.3	53.7
初中	100.0	48.8	51.2
高中（中专/职高/技校）	100.0	46.5	53.5
大专、大学本科及以上	100.0	33.9	66.1
按旅游目的分组			
观光游览	100.0	49.1	50.9
休闲度假	100.0	49.0	51.0
做生意/外出办理公事	100.0	40.7	59.3
探亲访友	100.0	34.9	65.1
文娱/体育/健身	100.0	63.0	37.0
养生/保健/疗养	100.0	55.2	44.8
其他	100.0	51.1	48.9

3-1-4 农村居民国内游客人数构成
（按出游半径分组）

单位：%

	人数构成	本地游	异地游 *
调查总平均	**100.0**	**56.1**	**43.9**
按性别分组			
男　性	100.0	57.3	42.7
女　性	100.0	53.5	46.5
按年龄分组			
14 岁及以下	100.0	60.3	39.7
15~24 岁	100.0	48.9	51.1
25~34 岁	100.0	49.1	50.9
35~44 岁	100.0	56.6	43.4
45~64 岁	100.0	60.8	39.2
65 岁及以上	100.0	70.8	29.2

	人数构成	本地游	异地游 *
按受教育程度分组			
小学及以下	100.0	59.9	40.1
初中	100.0	60.4	39.6
高中（中专／职高／技校）	100.0	60.7	39.3
大专、大学本科及以上	100.0	50.6	49.4
按旅游目的分组			
观光游览	100.0	56.9	43.1
休闲度假	100.0	60.5	39.5
做生意／外出办理公事	100.0	56.3	43.8
探亲访友	100.0	57.5	42.5
文娱／体育／健身	100.0	76.7	23.3
养生／保健／疗养	100.0	63.2	36.8
其他	100.0	47.1	52.9

* 异地游：指农村居民离开自己惯常居住县／市（以该县／市行政地域为界），前往本省（区、市）其他县／市或外省（区、市）的旅游行为。（下同）

2. 2021 年农村居民国内游客
人均每次花费

3-2-1 农村居民国内游客人均每次花费

单位：元/人次

	农村居民国内游客人均每次花费
调查总平均	**613.6**
按性别分组	
男　性	636.3
女　性	561.3
按年龄分组	
14 岁及以下	425.1
15~24 岁	737.2
25~34 岁	797.2
35~44 岁	601.5
45~64 岁	514.9
65 岁及以上	360.4

	农村居民国内游客人均每次花费
按受教育程度分组	
小学及以下	443.5
初中	537.3
高中（中专／职高／技校）	591.3
大专、大学本科及以上	714.5
按旅游目的分组	
观光游览	671.7
休闲度假	671.7
出差／开会／商务	846.3
探亲访友	507.7
文娱／体育／健身	396.3
养生／保健／疗养	633.3
其他	442.2

3-2-2 农村居民国内游客人均每次花费
（按旅游方式分组）

单位：元/人次

	人均每次花费	旅行社组织	非旅行社组织
调查总平均	**613.6**	**1634.3**	**537.5**
按性别分组			
男　性	636.3	1848.3	548.6
女　性	561.3	1452.4	516.4
按年龄分组			
14 岁及以下	425.1	1632.3	386.0
15~24 岁	737.2	628.4	699.5
25~34 岁	797.2	1524.2	699.0
35~44 岁	601.5	2595.1	530.5
45~64 岁	514.9	1414.1	451.3
65 岁及以上	360.4	2868.0	257.4
按受教育程度分组			
小学及以下	443.5	2131.7	389.9
初中	537.3	1319.8	454.1
高中（中专 / 职高 / 技校）	591.3	1630.5	481.3
大专、大学本科及以上	714.5	1471.2	661.2

3-2-3 农村居民国内游客人均每次花费

	人均每次花费	观光游览	休闲度假	做生意/外出办理公事
调查总平均	**613.6**	**671.7**	**671.7**	**846.3**
按性别分组				
男　性	636.3	650.5	642.1	875.2
女　性	561.3	696.0	747.3	738.3
按年龄分组				
14 岁及以下	425.1	582.5	447.7	1302.6
15~24 岁	737.2	956.0	950.9	949.9
25~34 岁	797.2	716.6	773.2	1148.0
35~44 岁	601.5	502.6	595.4	795.9
45~64 岁	514.9	646.1	569.4	618.1
65 岁及以上	360.4	887.3	134.4	128.4
按受教育程度分组				
小学及以下	443.5	535.4	426.6	748.6
初中	537.3	594.2	483.9	739.0
高中（中专/职高/技校）	591.3	669.5	592.5	835.0
大专、大学本科及以上	714.5	783.5	795.1	921.3

（按旅游目的分组）

探亲访友	文娱／体育／健身	养生／保健／疗养	其他
507.7	**396.3**	**633.3**	**442.2**
530.7	372.2	750.2	437.8
463.2	438.5	372.4	460.1
291.8	161.6	286.8	274.0
530.8	711.7	422.5	394.5
700.9	462.8	651.7	610.3
539.2	252.2	833.4	476.0
434.8	413.3	551.4	332.6
199.1	265.7	575.0	255.7
363.5	159.6	700.9	386.6
473.4	316.6	457.9	326.6
452.4	530.1	590.4	429.7
607.3	526.6	748.6	571.7

3-2-4 农村居民国内游客人均每次花费

（按停留时间分组）

单位：元 / 人次

	人均每次花费	一日游	过夜游
调查总平均	**613.6**	**279.3**	**827.8**
按性别分组			
男　性	636.3	284.5	866.5
女　性	561.3	270.8	745.5
按年龄分组			
14 岁及以下	425.1	200.1	603.4
15~24 岁	737.2	358.0	903.0
25~34 岁	797.2	334.4	1019.7
35~44 岁	601.5	290.8	821.0
45~64 岁	514.9	266.6	713.7
65 岁及以上	360.4	160.0	542.5

	人均每次花费	一日游	过夜游
按受教育程度分组			
小学及以下	443.5	265.7	586.8
初中	537.3	268.6	762.4
高中（中专/职高/技校）	591.3	278.8	861.2
大专、大学本科及以上	714.5	301.3	927.8
按旅游目的分组			
观光游览	671.7	270.4	1062.0
休闲度假	671.7	324.7	1029.2
做生意/外出办理公事	846.3	327.7	1233.9
探亲访友	507.7	261.4	633.1
文娱/体育/健身	396.3	261.7	624.6
养生/保健/疗养	633.3	313.2	994.5
其他	442.2	234.2	627.2

3-2-5 农村居民国内游客人均每次花费
（按出游半径分组）

单位：元/人次

	人均每次花费	本地游	异地游
调查总平均	**613.6**	**372.8**	**926.5**
按性别分组			
男　性	636.3	388.0	976.7
女　性	561.3	334.2	826.0
按年龄分组			
14 岁及以下	425.1	264.1	660.4
15~24 岁	737.2	529.1	962.7
25~34 岁	797.2	497.4	1107.0
35~44 岁	601.5	370.6	888.3
45~64 岁	514.9	310.9	831.4
65 岁及以上	360.4	214.9	660.1
按受教育程度分组			
小学及以下	443.5	301.6	665.3
初中	537.3	308.9	890.6
高中（中专/职高/技校）	591.3	364.1	952.8
大专、大学本科及以上	714.5	444.3	1008.3
按旅游目的分组			
观光游览	671.7	407.3	1030.0
休闲度假	671.7	439.0	1025.4
做生意/外出办理公事	846.3	425.7	1374.2
探亲访友	507.7	321.7	760.6
文娱/体育/健身	396.3	298.9	502.8
养生/保健/疗养	633.3	430.1	969.4
其他	442.2	373.1	520.5

3. 2021 年农村居民国内散客人均每次各项花费及构成

	人均每次花费	交通费	住宿费
调查总平均	**537.5**	**197.5**	**56.2**
按性别分组			
男　性	548.6	200.7	61.1
女　性	516.4	191.5	46.7
按年龄分组			
14 岁及以下	386.0	142.9	31.4
15~24 岁	699.5	256.3	103.4
25~34 岁	699.0	243.4	79.1
35~44 岁	530.5	199.7	47.5
45~64 岁	451.3	171.2	38.9
65 岁及以上	257.4	85.8	31.3
按受教育程度分组			
小学及以下	389.9	140.0	40.9
初中	454.1	191.8	29.1
高中（中专 / 职高 / 技校）	481.3	184.1	46.6
大专、大学本科及以上	661.2	230.0	80.4
按旅游目的分组			
观光游览	603.4	196.7	86.5
休闲度假	660.3	182.6	93.0
做生意 / 外出办理公事	575.0	310.0	139.2
探亲访友	507.9	211.6	33.2
文娱 / 体育 / 健身	396.3	105.7	62.1
养生 / 保健 / 疗养	621.1	160.0	56.4
其他	441.4	168.3	70.1

　　*"做生意 / 外出办理公事"未在过夜分组中,且未调查以"做生意 / 外出办理公事"为旅游目的的购物费和景区游览费。（下同）

人均每次各项花费

单位：元／人次

餐饮费	购物费	景区游览费	其他
135.8	**106.8**	**12.7**	**28.5**
138.7	105.0	12.3	30.8
130.3	110.9	13.3	23.6
101.8	79.2	18.6	12.1
203.5	81.1	16.9	38.3
177.6	150.9	13.0	35.0
126.9	115.3	12.8	28.3
112.5	90.8	10.5	27.4
49.7	67.6	2.5	20.5
91.7	91.3	11.5	14.5
124.2	77.9	9.4	21.7
116.6	99.0	8.9	26.1
166.6	130.0	16.4	37.8
169.7	92.2	38.2	20.1
198.3	128.0	25.4	33.0
125.8	—	—	—
118.2	116.0	4.3	24.6
108.4	46.5	5.8	67.8
147.3	129.8	5.8	121.8
107.7	71.2	1.5	22.6

	人均每次花费	交通费	住宿费
调查总平均	**100.0**	**36.7**	**10.4**
按性别分组			
男　性	100.0	36.6	11.1
女　性	100.0	37.1	9.0
按年龄分组			
14 岁及以下	100.0	37.1	8.1
15~24 岁	100.0	36.6	14.8
25~34 岁	100.0	34.8	11.3
35~44 岁	100.0	37.7	9.0
45~64 岁	100.0	37.9	8.7
65 岁及以上	100.0	33.3	12.2
按受教育程度分组			
小学及以下	100.0	35.9	10.5
初中	100.0	42.2	6.4
高中（中专 / 职高 / 技校）	100.0	38.2	9.7
大专、大学本科及以上	100.0	34.8	12.1
按旅游目的分组			
观光游览	100.0	32.6	14.3
休闲度假	100.0	27.7	14.1
做生意 / 外出办理公事	100.0	53.9	24.2
探亲访友	100.0	41.7	6.5
文娱 / 体育 / 健身	100.0	26.7	15.7
养生 / 保健 / 疗养	100.0	25.8	9.1
其他	100.0	38.1	15.9

人均每次各项花费构成

单位：%

餐饮费	购物费	景区游览费	其他
25.3	**19.9**	**2.4**	**5.3**
25.3	19.2	2.2	5.6
25.2	21.5	2.6	4.6
26.4	20.5	4.8	3.1
29.1	11.6	2.4	5.5
25.4	21.6	1.9	5.0
23.9	21.7	2.4	5.3
24.9	20.1	2.3	6.1
19.3	26.3	0.9	8.0
23.5	23.4	2.9	3.8
27.4	17.1	2.1	4.8
24.2	20.6	1.9	5.4
25.2	19.7	2.5	5.7
28.1	15.3	6.3	3.4
30.0	19.4	3.8	5.0
21.9	–	–	–
23.3	22.8	0.9	4.8
27.4	11.7	1.4	17.1
23.7	20.9	0.9	19.6
24.4	16.1	0.4	5.1

	人均每次花费	交通费	住宿费
调查总平均	**730.5**	**277.2**	**95.8**
按性别分组			
男　性	756.4	282.3	105.3
女　性	682.1	267.7	79.7
按年龄分组			
14 岁及以下	549.1	217.4	58.4
15~24 岁	891.7	339.3	153.2
25~34 岁	917.6	325.5	122.0
35~44 岁	701.7	274.4	78.4
45~64 岁	610.4	237.0	71.6
65 岁及以上	371.4	127.2	62.2
按受教育程度分组			
小学及以下	534.7	201.8	77.3
初中	663.6	295.8	57.8
高中（中专 / 职高 / 技校）	681.5	278.4	93.9
大专、大学本科及以上	852.3	304.8	124.4
按旅游目的分组			
观光游览	965.5	323.7	180.3
休闲度假	1014.8	286.9	187.5
做生意 / 外出办理公事	1233.9	634.4	350.2
探亲访友	632.8	273.1	49.5
文娱 / 体育 / 健身	624.5	157.1	167.3
养生 / 保健 / 疗养	973.5	248.8	120.0
其他	626.2	237.6	130.7

人均每次各项花费

单位：元／人次

餐饮费	购物费	景区游览费	其他
172.0	**136.6**	**14.9**	**34.0**
178.6	137.7	14.7	37.8
159.4	133.5	15.3	26.5
131.6	104.1	21.2	16.4
250.9	88.3	20.5	39.5
215.4	199.9	14.6	40.2
155.1	147.9	13.5	32.4
143.4	109.0	14.1	35.3
58.4	99.2	3.0	21.4
114.3	111.7	13.0	16.6
163.8	110.8	10.7	24.7
153.4	113.5	11.6	30.7
202.2	157.9	19.6	43.4
244.2	137.3	51.9	28.1
277.9	181.7	33.9	46.9
249.2	－	－	－
137.3	138.0	5.4	29.5
130.5	69.9	5.8	93.9
246.1	219.1	6.2	133.3
159.6	71.9	1.9	24.5

3-3-4 农村居民国内过夜散客

	人均每次花费	交通费	住宿费
调查总平均	**100.0**	**37.9**	**13.1**
按性别分组			
男　性	100.0	37.3	13.9
女　性	100.0	39.2	11.7
按年龄分组			
14 岁及以下	100.0	39.6	10.6
15~24 岁	100.0	38.0	17.2
25~34 岁	100.0	35.5	13.3
35~44 岁	100.0	39.1	11.2
45~64 岁	100.0	38.8	11.7
65 岁及以上	100.0	34.2	16.7
按受教育程度分组			
小学及以下	100.0	37.7	14.5
初中	100.0	44.6	8.7
高中（中专 / 职高 / 技校）	100.0	40.8	13.8
大专、大学本科及以上	100.0	35.8	14.6
按旅游目的分组			
观光游览	100.0	33.5	18.7
休闲度假	100.0	28.3	18.5
做生意 / 外出办理公事	100.0	51.4	28.4
探亲访友	100.0	43.2	7.8
文娱 / 体育 / 健身	100.0	25.2	26.8
养生 / 保健 / 疗养	100.0	25.6	12.3
其他	100.0	37.9	20.9

人均每次各项花费构成

单位：%

餐饮费	购物费	景区游览费	其他
23.5	**18.7**	**2.1**	**4.7**
23.6	18.2	1.9	5.1
23.4	19.6	2.3	3.9
24.0	19.0	3.9	2.9
28.1	9.9	2.3	4.5
23.5	21.8	1.6	4.3
22.1	21.1	1.9	4.6
23.5	17.9	2.3	5.8
15.7	26.7	0.8	5.9
21.4	20.9	2.4	3.1
24.7	16.7	1.6	3.7
22.5	16.7	1.7	4.5
23.7	18.5	2.3	5.1
25.3	14.2	5.4	2.9
27.4	17.9	3.3	4.6
20.2	–	–	–
21.7	21.8	0.8	4.7
20.9	11.2	0.9	15.0
25.3	22.5	0.6	13.7
25.5	11.5	0.3	3.9

	人均每次花费	交通费	餐饮费
调查总平均	**268.6**	**85.5**	**85.9**
按性别分组			
男　性	264.4	87.5	85.3
女　性	277.0	82.9	86.7
按年龄分组			
14 岁及以下	201.4	59.7	68.6
15~24 岁	304.1	93.7	114.2
25~34 岁	314.8	94.8	112.7
35~44 岁	283.8	88.5	86.0
45~64 岁	264.9	92.3	77.6
65 岁及以上	153.7	47.2	42.8
按受教育程度分组			
小学及以下	231.8	72.9	67.1
初中	240.1	85.2	85.2
高中（中专 / 职高 / 技校）	280.3	87.2	81.9
大专、大学本科及以上	305.2	90.2	101.5
按旅游目的分组			
观光游览	268.0	79.1	101.1
休闲度假	322.2	82.9	125.1
做生意 / 外出办理公事	327.7	223.3	104.4
探亲访友	261.6	88.7	81.0
文娱 / 体育 / 健身	261.7	71.6	96.4
养生 / 保健 / 疗养	313.2	82.0	55.3
其他	234.2	87.1	54.5

人均每次各项花费

单位：元/人次

购物费	景区游览费	其他
67.0	**9.1**	**21.0**
61.4	8.5	21.7
77.7	10.1	19.5
50.7	15.2	7.2
55.2	8.6	32.4
69.7	9.9	27.7
75.4	10.9	23.0
70.7	5.9	18.4
43.0	2.0	18.7
69.7	9.6	12.5
43.6	7.7	18.4
84.4	6.4	20.4
76.9	10.2	26.4
49.7	25.6	12.5
80.0	15.8	18.4
—	—	—
74.6	2.2	15.1
32.1	6.7	54.9
58.4	5.3	112.2
69.3	0.7	22.6

	人均每次花费	交通费	餐饮费
调查总平均	**100.0**	**31.8**	**32.0**
按性别分组			
男　性	100.0	33.1	32.3
女　性	100.0	29.9	31.3
按年龄分组			
14 岁及以下	100.0	29.7	34.1
15~24 岁	100.0	30.8	37.5
25~34 岁	100.0	30.1	35.8
35~44 岁	100.0	31.2	30.3
45~64 岁	100.0	34.9	29.3
65 岁及以上	100.0	30.7	27.8
按受教育程度分组			
小学及以下	100.0	31.4	29.0
初中	100.0	35.5	35.5
高中（中专 / 职高 / 技校）	100.0	31.1	29.2
大专、大学本科及以上	100.0	29.5	33.3
按旅游目的分组			
观光游览	100.0	29.5	37.7
休闲度假	100.0	25.7	38.8
做生意 / 外出办理公事	100.0	68.1	31.9
探亲访友	100.0	33.9	31.0
文娱 / 体育 / 健身	100.0	27.4	36.8
养生 / 保健 / 疗养	100.0	26.2	17.7
其他	100.0	37.2	23.3

人均每次各项花费构成

单位：%

购物费	景区游览费	其他
24.9	**3.4**	**7.9**
23.2	3.2	8.2
28.1	3.6	7.1
25.2	7.6	3.4
18.1	2.8	10.8
22.1	3.2	8.8
26.6	3.8	8.1
26.7	2.2	6.9
28.0	1.3	12.2
30.1	4.2	5.3
18.2	3.2	7.6
30.1	2.3	7.3
25.2	3.3	8.6
18.5	9.5	4.8
24.8	4.9	5.8
－	－	－
28.5	0.8	5.8
12.3	2.6	20.9
18.6	1.7	35.8
29.6	0.3	9.6

责任编辑：王　军

责任印制：冯冬青

图书在版编目（ＣＩＰ）数据

旅游抽样调查资料. 2022 / 中华人民共和国文化和

旅游部编. -- 北京 ：中国旅游出版社，2022.6

ISBN 978-7-5032-6950-9

Ⅰ．①旅… Ⅱ．①中… Ⅲ．①旅游业－抽样调查统计

－统计资料－中国－2022 Ⅳ．①F592-66

中国版本图书馆CIP数据核字(2022)第070016号

书　　　名：旅游抽样调查资料 2022

作　　　者：中华人民共和国文化和旅游部　编

出版发行：中国旅游出版社

　　　　　　（北京静安东里6号　邮编：100028）

　　　　　　http://www.cttp.net.cn　E-mail:cttp@mct.gov.cn

　　　　　　营销中心电话：010-57377108，010-57377109

　　　　　　读者服务部电话：010-57377151

排　　　版：北京旅教文化传播有限公司

经　　　销：全国各地新华书店

印　　　刷：北京工商事务印刷有限公司

版　　　次：2022 年 6 月第 1 版　2022 年 6 月第 1 次印刷

开　　　本：787 毫米 × 1092 毫米　1/16

印　　　张：5.5

字　　　数：77 千

定　　　价：120.00 元

ＩＳＢＮ　978-7-5032-6950-9